L'AFRIQUE DU NORD

ALGÉRIE ET TUNISIE

COMMERCE — AGRICULTURE — INDUSTRIE

PAR

ÉMILE GAUTHRONET

INGÉNIEUR COLONIAL
EXPERT PRÈS LA COUR D'APPEL D'ALGER
MEMBRE DU CORPS CONSULAIRE, DE LA SOCIÉTÉ D'AGRICULTURE ET DU COMICE AGRICOLE D'ALGER
DU SYNDICAT COMMERCIAL ALGÉRIEN, ETC., ETC.
SECRÉTAIRE DU JURY DU CONCOURS GÉNÉRAL AGRICOLE DE L'ALGÉRIE ET DE LA TUNISIE

DEUXIÈME ÉDITION

Publiée sous les auspices de M. le Gouverneur général de l'Algérie

ALGER-MUSTAPHA

GIRALT, IMPRIMEUR DU GOUVERNEMENT GÉNÉRAL,
Rue des Colons, 17

1899

COMPAGNIE GÉNÉRALE TRANSATLANTIQUE
(Paquebots-poste français)
SIÈGE SOCIAL A PARIS, 6, RUE AUBER

Agences en Algérie et en Tunisie : Alger, 6, boul' Carnot. — Oran, place de la République. — Bône, quai nord. — Philippeville, place du Marché. — Tunis, 3, rue Es-Sadikkia. — A Arzew. — Bougie. — Collo. — Djidjelli. — La Calle. — Monastir. — Mostaganem. — Nemours. — Sousse. — Ténès.

LIGNES DE LA MÉDITERRANÉE
HONORAIRES ET PRIX DES PLACES

DESTINATIONS	JOURS ET HEURES DE DÉPART	1re classe	2e classe	3e classe	4e classe
DÉPARTS DE MARSEILLE POUR					
Alger	Lundi, 4 h. soir / Mercredi, 4 h. soir / Jeudi, 4 h. soir / Samedi, 4 h. soir	100 »	70 »	50 »	18
Bizerte	Vendredi, midi	100 »	70 »	30 »	18
Bône	Mardi, 5 h. soir	100 »	70 »	30 »	18
Bougie	Dimanche, 5 h. soir	100 »	70 »	30 »	18
Oran	Jeudi, 5 h. soir / Samedi, 5 h. soir	100 »	70 »	30 »	23
Philippeville	Samedi, midi	100 »	70 »	30 »	18
Tunis	Lundi, midi / Vendredi, midi	100 »	70 »	30 »	18
Sfax	Lundi, midi	» »	» »	» »	»
Sousse	Lundi, midi	» »	» »	» »	»
DE					
Alger à Marseille	Mardi, midi et demie / Jeudi, midi et demie / Samedi, midi et demie	100 »	70 »	30 »	18
Oran à Marseille	Mardi, 5 h. soir / Jeudi, 5 h. soir	100 »	70 »	30 »	23
Oran à Carthagène	Lundi, 11 h. soir	40 »	25 »	18 »	12
Carthargène à Oran	Mardi, 8 h. soir	40 »	25 »	18 »	12
Bougie à Marseille	Jeudi, 8 h. 30 soir	100 »	70 »	40 »	18
Philippeville à Marseille	Vendredi, midi	100 »	70 »	30 »	18
Bône à Marseille	Mardi, 11 h. soir	100 »	70 »	30 »	18
Ajaccio à Bône	Jeudi, 11 h. matin	100 »	50 »	25 »	»
Bône à Ajaccio	Vendredi, 11 h. soir	100 »	50 »	25 »	»
Bizerte à Marseille	Mercredi, 10 h. 30 soir	100 »	70 »	30 »	18
Tunis à Marseille	Mercredi, midi et demie / Samedi, midi et demie	100 »	70 »	30 »	15
Tunis à Sfax	Mercredi, 4 h. soir	50 »	35 »	20 »	»
Sfax à Sousse	Jeudi, 4 h. soir	» »	» »	» »	»

SOCIETE GENERALE DE TRANSPORTS MARITIMES A VAPEUR
Société anonyme. — Capital 9.000.000
Services réguliers à grande vitesse sur l'Algérie
Direction de l'Exploitation : à Marseille, 3, rue des Templiers

Agences en Algérie et Tunisie, à Alger, Bône, Bougie, Oran, Philippeville, Sousse, Tunis

HORAIRES ET PRIX DES PLACES

DÉPARTS DE MARSEILLE pour :		Prix avec couchette et nourriture			Pont
		1re cl.	2e cl.	3e cl.	
Alger	Mercredi et samedi, à 6 h. soir	60	45	22	40
Bône	Lundi, à 5 —	60	45	22	40
Bougie	Samedi, à 5 —	60	45	22	40
Oran	Mardi, à 5 —	75	55	25	12
Oran	Mercredi et samedi, à 6 —				
Philippeville	Samedi, à 5 —	60	45	22	40

COMPAGNIE DE NAVIGATION MIXTE (Compagnie Touache)
SERVICE POSTAL FRANÇAIS
Siège social : 54, Rue Cannebière, 54, Marseille

Agences en Algérie et Tunisie : Alger, Arzew, Bône, Gabès, Monastir, Mostaganem, Nemours, Oran, Philippeville, Sfax, Sousse, Tunis.

PRIX DES PASSAGES

DE MARSEILLE, CETTE ou PORT-VENDRES aux ports ci-dessous et vice-versa	Avec couchette et nourriture			Pont
	1re cl.	2e cl.	3e cl.	
Alger	60	45	22	40
Bône	60	45	22	45
Philippeville	66	45	22	40
Oran	70	50	24	12
Tunis	70	50	24	12

Réduction sur billet d'aller et de retour et de famille

L'AFRIQUE DU NORD

ALGÉRIE ET TUNISIE

COMMERCE — AGRICULTURE — INDUSTRIE

PAR

EMILE GAUTHRONET

INGÉNIEUR COLONIAL
EXPERT PRÈS LA COUR D'APPEL D'ALGER
MEMBRE DU CORPS CONSULAIRE, DE LA SOCIÉTÉ D'AGRICULTURE ET DU COMICE AGRICOLE D'ALGER
DU SYNDICAT COMMERCIAL ALGÉRIEN, ETC., ETC.
SECRÉTAIRE DU JURY DU CONCOURS GÉNÉRAL AGRICOLE DE L'ALGÉRIE ET DE LA TUNISIE

DEUXIÈME ÉDITION
Publiée sous les auspices de M. le Gouverneur général de l'Algérie

ALGER-MUSTAPHA

GIRALT, IMPRIMEUR DU GOUVERNEMENT GÉNÉRAL
Rue des Colons, 17

1899

AVANT-PROPOS

En publiant la première édition de cet opuscule nous avons eu en vue de vulgariser l'Algérie et la Tunisie et de présenter, à nos compatriotes de la Métropole, notre colonie telle qu'elle est.

Notre expérience des hommes et des choses de ce pays, que nous connaissons parfaitement, nous a permis d'être bref et précis.

Dans un aperçu historique nous avons montré rapidement « l'Afrique du Nord » dans ses diverses métamorphoses, depuis l'ère chrétienne jusqu'à la conquête par les Français ; puis, aussi succinctement et le plus clairement possible, nous avons exposé la situation présente de la Colonie et fait entrevoir l'avenir qui lui est réservé.

Nous espérons avoir réussi dans notre tentative si nous en jugeons par les approbations nombreuses et spontanées, qui nous sont parvenues, des corps élus et constitués, de la presse, des autorités et des particuliers.

Notre ouvrage a été très particulièrement apprécié par l'Administration algérienne et, à la demande de M. Monteils,

Directeur du Service des renseignements généraux de l'Algérie à Paris, nous avons consenti à publier cette deuxième édition qui est destinée à être distribuée en France par les soins du Gouvernement.

Nous avons été très sensible à ces marques de bienveillance et nous adressons à leurs auteurs nos plus sincères remerciments.

E. G.

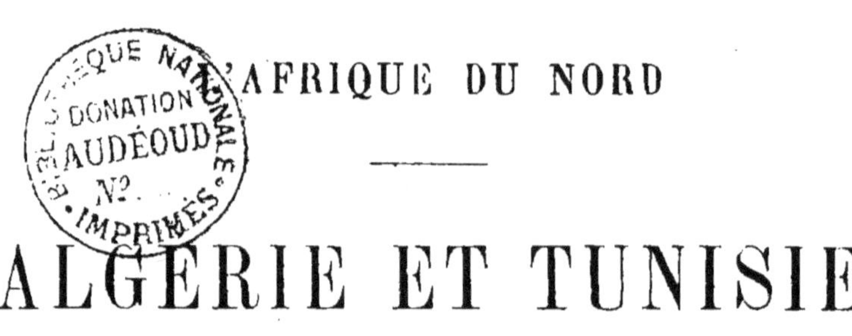

AFRIQUE DU NORD

ALGÉRIE ET TUNISIE

APERÇU HISTORIQUE

L'Afrique du Nord attire de plus en plus les regards de l'Europe. Des voyageurs appartenant à toutes les classes de la société et à toutes les nationalités viennent la visiter et leur nombre progresse chaque jour.

La dénomination de France Nouvelle que lui a donné Prévost Paradol, et les paroles prophétiques que lui inspirait son grand cœur, sont mieux comprises aujourd'hui; c'est qu'en effet l'Algérie et la Tunisie, par leur constitution géographique, par leur climat, leur faune et leur flore, ne sont qu'un prolongement du sol français méditerranéen.

Le Tell, comme la France, est un pays essentiellement agricole, plus on l'étudie plus on voit combien l'agriculture y tient une place prépondérante.

Dès la plus haute antiquité, cette grande région du Nord de l'Afrique fut renommée par sa fertilité ; plus de 500 ans avant l'ère chrétienne le géographe Scylax déclarait que le Bysacium était merveilleusement fertile ; les Argiens donnèrent à Cérès le surnom de Libyque.

Strabon, au commencement de l'ère chrétienne, disait que le pays est excellent presque partout, mais principalement aux environs de Cyrène, de Carthage et jusqu'à la Maurusie et aux colonnes d'Hercule, c'est-à-dire actuellement la Tunisie, l'Algérie et le Maroc.

Malgré les ravages que les Vandales vainqueurs avaient fait dans les premiers temps de leur conquête, le pays offrait une apparence de luxe et de prospérité qui étonna les soldats de Bélisaire. En s'avançant du lieu de débarquement jusqu'à Carthage, ils étaient tout surpris de voir de fertiles campagnes et avec de beaux parcs leurs arbres chargés de fruits. Plus tard les auteurs arabes et divers voyageurs européens ont tous parlé dans le même sens.

Ces divers témoignages prouvent d'une manière certaine que les côtes barbaresques, depuis les Syrtes jusqu'aux colonnes d'Hercule, ont été de tout temps une contrée fertile où l'agriculture a joué un grand rôle. Le premier peuple civilisé qui s'empara de sa partie orientale en profita largement. L'agriculture fut, en effet, en tel honneur à Carthage qu'elle paraît avoir primé l'éducation commerciale de cette colonie phénicienne.

L'aptitude et le penchant des Carthaginois, pour les travaux des champs, sont attestés par divers passages de Polybe, où la richesse des campagnes de l'Afrique est indiquée en termes empreints d'admiration, et l'on pourrait conclure logiquement que les produits agricoles furent la base primitive de leurs fortunes privées.

Après la conquête Arabe (VIIe siècle) l'état d'anarchie, de lutte continuelle, qui régna entre les diverses sectes mahométanes conquérantes, et l'hostilité permanente qui existait entre elles et les chrétiens, tendirent à amener peu à peu le dépeuplement et l'abandon d'une partie du territoire ; cependant, aux Xe et XIe siècles, le Nord de l'Afrique était encore prospère et industrieux, les ouvrages d'Ibn-Haukal et de Bekri nous montrent l'ingénieuse distribution des eaux dans l'Afrique proprement dite, la vaste irrigation des champs, la culture générale des oliviers et de beaucoup d'autres arbres fruitiers ; la canne à sucre cultivée à Kairouan, le coton à M'sila, l'indigo à Sebab, les mûriers et les vers à soie à Gabès, puis les manufactures de toiles fines et de laine de Sousse, etc.

Bougie, fondée en 1068, était déjà cent ans après une ville florissante. Le géographe Edrisi disait :

« Les vaisseaux y abondent, les caravanes y viennent et c'est un
« entrepôt de marchandises. Autour de la ville sont des plaines
« cultivées où on récolte du blé, de l'orge et des fruits en abon-
« dance. On y construit de gros bâtiments, des navires et des
« galères, car les montagnes et vallées environnantes sont très boi-
« sées et produisent la résine, du goudron d'excellente qualité.
« On y trouve des fruits, d'excellents comestibles à prix modiques
« et une grande variété de viandes.
« Dans ce pays, le bétail et les troupeaux réussissent à merveille
« et les récoltes sont tellement abondantes qu'en temps ordinaire
« elles excèdent les besoins des consommateurs et qu'elles suffisent
« dans les années de stérilité. Les habitants de Bougie se livrent à
« l'exploitation des mines de fer qui donnent de très bons minerais. »

Les traités de commerce, que faisaient constamment les Arabes et les Européens, nous montrent qu'au XIIe et XIIIe siècles les Européens apportaient aux Arabes des métaux, des draps, des toiles, des étoffes de luxe, des cordages, des navires, des agrès, des bijoux, et autres objets d'industrie ; les Arabes comme producteurs fournissaient aux Européens les laines, les cuirs, la cire, les sels et le blé que plusieurs pays d'Europe ont eu de tout temps à demander à l'Afrique, de l'alun, de l'huile, des plumes d'autruche, des pelleteries, des marocains, des écorces tanniques et des fruits secs.

La décadence des lettres et des sciences chez les Arabes, l'ignorance qui les envahit les amena à la barbarie, ils devinrent plus fanatiques ; la prise de Constantinople par Mohamet II augmenta encore leur fanatisme et l'esprit de haine contre ceux qui ne pratiquaient pas leur religion. Cependant quand il n'y avait, en Afrique, que des Arabes et des Berbères, quelque dégradation qu'ait subie leur état moral, le gouvernement des princes indigènes s'inspirait encore de principes de justice, d'impartialité et de tolérance. Les traités étaient observés, les tarifs commerciaux régulièrement appliqués. Les temps les plus mauvais de la barbarie et de l'inhospitalité du Magreb, les seuls dont l'Europe et l'Afrique semblent avoir aujourd'hui conscience, sans en reconnaître l'origine, ne datent que du XVIᵉ siècle et de l'établissement des Régences barbaresques.

Des villes, que Léon l'Africain et Marmol avaient vues encore commerçantes et prospères, se dépeuplèrent ; plus d'une disparut entièrement ; des régions jadis fertiles revinrent à l'état de désert ; des peuplades fixées au sol redevinrent nomades pour échapper plus facilement à l'oppression du vainqueur. Les Turcs ne durent la conservation de leur pouvoir qu'aux divisions incessantes de leurs sujets complètement rebelles, par nature, à tout sentiment d'union ou de nationalité.

Nous avons vu l'Afrique du Nord si prospère sous les Romains, encore riche et peuplée au moyen âge et jusqu'au XVIᵉ siècle, s'amoindrir ensuite sous la domination des Turcs. Qu'était-elle à l'époque de la conquête des Français ? C'était toujours une terre fertile sous un beau climat, mais cette terre s'était dépeuplée, ses habitants étaient revenus à la barbarie ; des nombreuses villes créées par les Romains, il ne restait que des ruines, les travaux d'art, les barrages s'étaient détruits peu à peu, quelques centres existaient encore mais dépeuplés.

Schaw indique que vers le milieu du siècle dernier on estimait à 7 ou 8.000 tonnes les grains exportés par les marchands anglais.

Avant 1789, la *Compagnie française d'Afrique* achetait sur le littoral et principalement dans la province de Constantine des quantités considérables de grains qu'elle vendait, selon les temps, dans le midi de la France, en Espagne, en Italie. C'était là une des principales sources de ses profits.

De 1792 à 1796 nos provinces du Midi furent approvisionnées de blés algériens par l'intermédiaire des maisons Busnach et Bacri ; c'est le règlement de cette affaire, dans laquelle le Dey était le principal fournisseur, qui fût plus tard la cause déterminante de l'insulte faite à notre consul, et qui eut pour résultat la conquête d'Alger.

Le port d'Arzew expédiait annuellement 250 à 300 cargaisons de céréales ; en 1814, tandis que l'armée anglaise en Espagne recevait de ce port des blés et 40.000 bœufs, le corsaire Barbastro apportait des grains et des bestiaux à certains corps de l'armée française, entres autres à celui du Maréchal Suchet qui, grâce à ses relations commerciales avec l'Algérie occidentale, regorgeait de vivres tandis que d'autres manquaient de viande et de pain. La Régence exportait aussi de l'huile, de la cire, des laines et des peaux ; ces deux dernières denrées, dont le commerce passait pour important, étaient monopolisées par le Dey d'Alger. Leur produit n'atteignait guère pourtant que 150.000 francs.

En 1822, les marchandises importées produisaient le chiffre de 8.000.000 francs et la France ne participait plus à ce commerce que pour 2.000.000 ; c'était le résultat inévitable de la décadence dans laquelle toutes les sources de la richesse publique étaient tombées sous un gouvernement qui semblait prendre à tâche d'étendre les limites du désert jusqu'aux rivages de la Méditerranée !

L'état d'abandon et de barbarie, dans lequel était plongée l'Afrique septentrionale, a frappé tous les voyageurs qui ont pu la parcourir avant la conquête française. Les seules voies de communication étaient des sentiers tracés par le passage répété des bêtes de somme : c'était l'unique moyen de transport pour les marchandises ; aucune voie carrossable ne traversait le pays. Il n'existait plus que quelques vestiges des anciennes chaussées romaines, les habitants n'allaient qu'à cheval ; les rivières se passaient à gué et devenaient souvent impraticables dans la saison pluvieuse. Les parties déclives des plaines n'étaient que de vastes marais, tantôt boisés, tantôt couverts de hautes herbes, mais toujours des foyers pestilentiels qui, dans la saison chaude, rendaient les environs malsains, souvent inhabitables.

Pas un canal, pas un fossé de dessèchement ne favorisait l'écoulement de ces eaux dont l'insalubrité n'était due qu'à leur stagnation. Les bestiaux n'étaient l'objet d'aucun soin comme abri et comme nourriture ; toutes les propriétés non closes étaient soumises, après la moisson, au droit de vaine pâture.

Notre conquête amena de rapides changements économiques.

Sous la protection et l'administration françaises l'Algérie et la Tunisie viennent d'affirmer à nouveau leur vitalité légendaire. Les doctrines si sages et si équitables dont il était réservé à notre pays de réaliser l'application dans le Nord de l'Afrique n'ont pas eu une influence moins heureuse dans le domaine économique qu'en matière politique. Rassurées par des institutions respectueuses de leurs droits, de leurs coutumes, de leur religion, les populations indigènes ont fini par accueillir favorablement nos colons qui ont pu s'établir au milieu d'elles, les associant à leurs travaux.

Les résultats obtenus témoignent de l'importance des efforts accomplis.

Des travaux habilement dirigés ont permis de reconstituer les importantes plantations qui, dans les temps anciens, fournissaient un des éléments principaux de la fortune de la région. C'est par plusieurs millions que l'on compte les arbres replantés. La création de vignobles a introduit un élément nouveau de prospérité dont l'importance ne pourra se développer que dans l'avenir.

Les recherches se poursuivent sans relâche dans les autres branches de production. Des champs d'expériences, des laboratoires étudient, avec les ressources de la Science moderne, les nouveaux procédés de culture. L'heure des hésitations est passée, un large champ d'étude s'ouvre à ceux, chaque jour plus nombreux, qui ont compris l'intérêt s'attachant, aussi bien pour eux-mêmes que pour la cause de la Patrie, à l'œuvre considérable de la colonisation.

SITUATION ACTUELLE

Population. — Le chiffre de la population des possessions françaises de l'Afrique du Nord est, d'après les recensements les plus récents de :

	Algérie	Tunisie	Totaux
Français d'origine ou naturalisés..	334.713	10.000	344.713
Européens de toutes nationalités...	211.535	29.000	240.535
Indigènes, arabes, kabyles, israélites	3.847.448	1.420.000	5.267.448
Totaux.................	4.393.696	1.459.000	5.852.696

Voies de communication. — L'ensemble des routes et chemins de l'Algérie et de la Tunisie comprend, sans compter les chemins vicinaux ordinaires et les routes non classées, un réseau 31.671 kilomètres se décomposant comme suit :

	Algérie	Tunisie	Totaux
Routes nationales........................	2.928ᵏ	1.565ᵏ	4.493ᵏ
Routes départementales........	590	»	590
Chemins vicinaux d'intérêt commun et de grande communication........	26.588	»	26.588
Totaux.....................	30.106	1.565	31.671

Les voies ferrées actuellement en exploitation atteignent, en Algérie, une longueur de 3.302 kilomètres dont 2.200 à voie normale, et en Tunisie 534 kilomètres dont 315 kilomètres à voie normale.

Celles en construction ou en projet atteignent un développement en Algérie, de 1.750 kilomètres dont 254 kilomètres à voie normale et en Tunisie 176 à voie de un mètre.

Ports. — La côte d'Algérie est dirigée à peu près en ligne droite, de l'Ouest 10° Sud à l'Est 10° Nord sur une longueur de 1.200 kil. environ. Bien qu'elle soit généralement élevée et montagneuse, elle est fort peu découpée et ne présente que cinq grandes baies complètement ouvertes au Nord, au fond desquelles sont situées les cinq principales villes du littoral : Oran, Alger, Bougie, Philippeville et Bône.

La côte de Tunisie qui développe, y compris les îles, environ 1.300 kilomètres, a sensiblement, jusqu'au golfe de Tunis, le même aspect que celle d'Algérie dont elle n'est que le prolongement ; mais à partir du cap Bon, le rivage peu accidenté, prend, jusqu'au golfe de Gabès, la direction générale du Sud ; les principaux ports qui assurent le trafic commercial de la Tunisie sont : Bizerte, Tunis, Sousse et Sfax.

Le port d'Oran est situé au fond de la baie de ce nom ; la surface du bassin, abritée par les jetées, est de 30 hectares ; la largeur de la passe est de 126 m. 49 ; le mouilllage de 5 m. à 10 m. : la jetée du Nord a 1.035 m. de loagueur, celle de l'Est est de 297 m. ; les quais développent 1.906 m. 90 avec une surface de 6 hectares

.02 ares 66 centiares ; il possède une cale pour la réparation des navires de 3 m. 50 de tirant d'eau sur le seuil.

Le port d'Alger est un grand bassin jouant le rôle de port militaire, de port de refuge et de port de commerce. Il est situé à l'Ouest de la baie comprise entre les caps Caxine et Matifou, au pied de la ville d'Alger : c'est un point d'abri naturel sauf a l'Ouest. Des jetées le couvrent au Nord, à l'Est et au Sud.

La surface du bassin entre les jetées est de 90 hectares ; le long des quais qui bordent le bassin la profondeur d'eau varie de 3 m. à 9 m. en allant du Nord au Sud. A 110 m. en avant des quais la profondeur d'eau est de 10 m. au moins et va jusqu'à 20 m.

La passe d'entrée s'ouvre au Sud-Est ; elle a 250 m. Une autre passe de 100 m. est ouverte dans la branche d'enracinement de la jetée Sud pour permettre la communication avec l'arrière-port actuellement en construction à l'Agha. Le fond est d'excellente tenue dans le bassin et dans la baie.

Les ouvrages qui constituent le port d'Alger sont la jetée Nord de 900 m. la jetée Sud en deux branches de 500 m. et de 750 m. ; un fortin appelé fort du Coude est situé à la jonction des deux branches ; la jetée Cheredin de 200 m. de longueur.

Le développement total des quais est de 1.878 m. avec une surface de 53.000 mq. Deux formes de radoub et trois cales de carénage.

Une loi du 4 juillet 1897 a autorisé la Chambre de commerce d'Alger à emprunter 6.500.000 francs pour la construction d'un arrière-port à l'Agha et l'aménagement de terre-pleins gagnés sur la mer.

Le port de Bougie est situé dans une rade sûre, formée par un vaste rentrant de la côte et abrité contre tous les vents ; il est l'entrepôt naturel de toute la vallée du Sahel ; il est rattaché au réseau des voies ferrées d'Algérie par la ligne de Bougie à Beni-Mançour ; il comprend une jetée de 206 m. de longueur dirigée au Sud 36° Est, créant un abri de 7 à 8 hectares ; les quais ont 440 m. de longueur.

Des travaux importants sont en cours d'exécution, ils consistent en la construction de trois nouvelles jetées de 2.800 m. en totalité qui abriteront un avant-port de 64 hectares et un bassin de 33 hectares.

Le port de Philippeville est construit au fond du golfe à l'ouest du cap Skikida ; la largeur de la passe est de 280 m. ; la surface du port de 58 hectares ; la longueur des quais 1.280 m. ; le tirant d'eau varie entre 6 et 11 m. ; la longueur des jetées est de 1.800 m. ; les terre-pleins gagnés sur la mer ont une superficiede 19 hectares 50.

Le port de Bône a une superficie de 180 hectares ; tirant d'eau 7 m. 50 ; largeur de la passe 70 mètres ; développement des jetées 2.000 mètres.

Par ordre d'importance citons comme ports secondaires en Algérie : Arzew, Mostaganem, Nemours, Collo, Djidjelli, La Calle, Ténès, Stora, Mers-el-Kébir, Dellys, Beni-Saf et Cherchell, tous en voie de prospérité et d'agrandissement.

En quittant la côte d'Algérie, le premier port important que l'on rencontre sur la côte tunisienne est celui de Bizerte.

Le port de Bizerte se compose d'un canal mettant en communication la mer et le lac de Bizerte. Ce canal, creusé à 9 mètres au-dessous des basses mers, a une largeur de 64 mètres au plafond.

Il débouche en mer dans un avant-port de 75 hectares formé de deux jetées ayant respectivement 1.000 mètres et 950 mètres de longueur ; la passe a 400 mètres ; les quais développent 200 mètres avec hangar-abri de 660 mq.

Le port de Tunis comprend un chenal orienté Sud 60° Est qui relie la mer au canal creusé dans les vases du lac de Tunis ; deux jetées développant 1.109., un canal de raccordement de 2.000 m. de rayon ; un bassin de 6 hectares et de 2 m. 50 de profondeur à La Goulette, un canal maritime de 8 kilomètres creusé à 6 m. 50 de profondeur avec 30 m. de largeur au plafond ; les berges sont munies de perrés ; au milieu de la longueur se trouve un garage de 500 m. de long. Un bassin à Tunis de 300 m. de largeur sur 400 m. de longueur, une darse de carénage et une forme de radoub à La Goulette, 609 m. de murs de quai, 2.400 mq. de chaussées pavées ; 7.500 mq. de chaussées empierrées ; 7.000 mq. de hangars-abris ; une mâture flottante de 28 tonnes ; 4 grues de 1.500 à 3.000 kilogs.

Le port de Sousse comprend un chenal d'accès, un bassin de 13 hectares et de 6 m. 50 de profondeur, une jetée-abri de 700 m., 904 m. de murs de quai ; 2.000 mq. de chaussées pavées ; 8.000 mq. de chaussées empierrées ; 3.000 mq. de hangars-abris ; 2 kilomètres de voies ferrées ; une mâture flottante de 20 tonnes, 4 grues mobiles de 1.500 kilogs et une de 6.000 kilogs.

Le port de Sfax comprend un bassin de un hectare creusé à 2 m. 50 avec chenal d'accès de 1.800 m., un bassin d'opérations de 10 hectares creusé à 6 m. 50 avec chenal d'accès, 615 m. de murs de quai, terre-pleins de 4 hectares avec 1.000 mq. de chaussées pavées, 4.000 mq. de chaussées empierrées, 2.000 mq. de hangars-abris, 2 kilomètres de voies ferrées, une mâture flottante de 20 tonnes, une grue de 6 tonnes, 3 grues de 1.500 kilogs et une cale de halage.

Les ports secondaires sont : Tabarka, Porto-Farina, Kelibia, Nabeul, Hammamet, Monastir, Mehdia, Kerhemat, Skira, Gabès, Djerba et Zarzis.

Canaux d'irrigation, barrages, réservoirs. — Les arrosages étaient pratiqués en Algérie, bien avant la conquête, au moyen de prises d'eau rudimentaires formées généralement de barrages en terre ou en fascines, rétablis après chaque crue, et de canaux de faibles dimensions ; depuis l'occupation française, un grand nombre de nouveaux canaux a été ouvert et sur plusieurs points on a créé des barrages-réservoirs pour l'aménagement des eaux des crues.

Dans le bassin de la Tafna on utilise les eaux de l'Isser et de la Saf-Saf qui, dérivées au moyen de trois barrages, arrosent environ 7.000 hectares.

Sur le bassin du lac salé d'Oran se rattache le Tlélat où on a construit un barrage de 24 mètres de hauteur retenant 717.000 m.

cubes d'eau qui servent à l'irrigation des plantations des villages de St-Lucien et du Tlélat.

Sur l'Oued-Magoun les habitants d'Arzew ont construit un barrage de 68 mètres de long qui retient les eaux nécessaires à l'irrigation de 245 hectares de jardins.

Dans le bassin du Sig on a construit deux barrages : l'un de 108 mètres de longueur et de 19 mètres de hauteur retenant 3.000.000 de mètres cubes d'eau ; l'autre de 200 mètres de longueur pouvant retenir 18.000.000 de mètres cubes, situé en amont du premier, s'est rompu le 8 février 1885, entraînant dans sa chute le barrage d'aval et causant des ravages considérables dans la plaine. La reconstruction de ces barrages, en ce moment projetée, coûtera 1.600.000 francs et permettra l'irrigation de 9.120 hectares.

Dans le bassin de l'Habra on a construit deux barrages : l'un de 455 mètres de longueur et de 33 m. 60 de hauteur, retient 30.000.000 de mètres cubes d'eau ; l'autre de 50 mètres de long sur 2 mètres de hauteur ; avec l'aide de 250 kilomètres de canaux ils permettent l'irrigation de 15.426 hectares ; ces divers ouvrages ont nécessité une dépense supérieure à 6.000.000 de francs.

Dans le bassin du Chéliff la surface irriguée par les canaux de la Mina et son barrage est de 8.500 hectares ; le barrage de la Djidiouïa permet d'irriguer 2.600 hectares ; le barrage et les canaux du Riou arrosent 6.075 hectares ; le barrage et les canaux du Chéliff distribuent l'irrigation à 11.000 hectares.

Les sources du Zaccar irriguent 2.500 hectares dans la région de Miliana.

Dans la plaine de la Mitidja il n'existe que deux ouvrages d'art exceptionnels : le barrage-réservoir de Marengo sur l'Oued Meurad, le premier qui fut construit en Algérie ; la digue a 82 mètres de longueur et 27 mètres de hauteur, elle retient 892.000 mètres cubes d'eau qui irriguent 24.000 hectares ; le deuxième ouvrage est le barrage du Hamiz, d'une longueur de 161 mètres et d'une hauteur de 35 mètres, il retient 14.000.000 de mètres cubes d'eau qui irriguent une superficie de 10.000 hectares environ.

La partie Est de l'Algérie et de la Tunisie n'ont, pour ainsi dire, aucun ouvrage d'art exceptionnel pour la retenue des eaux d'irrigation ; en raison du peu d'étendue des plaines, l'arrosage se fait généralement au moyen de l'eau des nappes souterraines élevées soit par des pompes, soit par des norias.

COMMERCE

Mouvement commercial. — Le mouvement commercial de l'Afrique du Nord avec les pays d'Europe est représenté dans les tableaux ci-contre pour la moyenne des années 1896-97 et 1898 :

Importations

DÉSIGNATION des MARCHANDISES	EN ALGÉRIE		EN TUNISIE	
	de France et Colonies	de l'Etranger	de France	de l'Etranger
Tissus, passementerie et rubans de coton	31.552 055	1.380.655	749.889	4.915.322
Vêtements confectionnés et pièces de lingerie	12.215.718	1.230 875	1.229.395	395.259
Café	9.882 105	»	795.304	253.818
Tissus, passementerie et rubans de laine	8.580.697	818.734	601.111	619.477
Outils et ouvrages en métaux	7.909 891	939.710	1.449.721	119.809
Ouvrages en peau ou en cuir	8.750.981	223.981	853.787	487.382
Peaux préparées	6.296.408	201.589	22.309	28.150
Meubles et ouvrages en bois	6.164.497	»	363.907	238.709
Sucres bruts, raffinés et vergoises	5 774.173	23.084	1.165.938	1 120 027
Bimbeloterie, tabletterie, éventails, brosserie	6.170.259	»	279.221	107.958
Parfumerie et savons	5.324.773	»	164.684	38.034
Poterie, verres et cristaux	4.724.773	279.835	328.703	222.327
Papier, cartons, livres et gravures	4.888.689	»	422.397	553.452
Machines et mécaniques	3.898 340	1.355.362	699.885	109.778
Huiles fines pures	4.273.318	808.814	22.300	28.158
Beurre frais, fondu, fromage	4.042.106	741.381	331.167	193.505
Tissus de jute	3.420.211	»	167.405	205.365
Eaux de vie, liqueurs	3.388.102	23.085	396.982	383.867
Vins	4.682.966	777.436	332.219	592.831
Bougies de toutes sortes	3.117.421	»	235.340	37.403
Fils de toute sorte	2.679.340	»	285.301	353.294
Céréales grains et farines	5.347.180	1.204.505	3.088.292	1.290.076
Matériaux de construction	2.302.972	19.680	987 494	211.074
Viandes fraiches et salées	1.351.574	1.070.756	197.518	44.821
Légumes secs, pommes de terre, fécules	3.039.204	648.600	251.064	229.437
Marrons et châtaignes	348.465	»	37.597	28.798
Fonte, fer et acier	2.062.741	59.210	910.300	602.300
A reporter	164.188.479	11.806.892	16.371.180	13.408.431

Importations (Suite)

DÉSIGNATION des MARCHANDISES	EN ALGÉRIE		EN TUNISIE	
	de France et Colonies	de l'Etranger	de France	de l'Etranger
Report..........	164.188.479	11 806.892	16.371.180	13.408.431
Carrosserie................	1.866.190	»	49.910	39.921
Bois communs................	2.343.551	3.106.594	186.280	1.443.936
Produits chimiques............	3.628.048	»	211.997	187.374
Graisses animales	2.564.853	»	136.794	31.875
Tissus, passementerie et rubans de lin, de chanvre...	1.791.240	»	11.378	29.345
Tissus, passementerie et rubans de soie......................	1.257.822	295.649	203.478	107.302
Bière	1.295.442	»	67.353	5.178
Poissons frais, secs, salés......	1.297.826	335.816	160.100	85.991
Armes, poudres et munitions...	1.297.313	»	235.209	15.478
Chapeaux de paille, d'écorce, de sparte	1.202.582	»	27.902	1.921
Soufre......................	1.125.006	»	26.345	35.700
Bijouterie, orfévrerie et horlogerie........	1.025.900	»	219 307	275.309
Gruaux, semoules en gruaux, pâtes d'Italie, etc............	3.936.218	»	4.457.236	18.101
Peaux et pelleteries brutes.....	498.169	1.030.244	8.368	2.416
Riz, brisures, farines de riz, etc.	2.316.412	65.240	105 628	33.643
Fruits de table	1.982.503	915.465	174.339	157.341
Fruits confits, biscuits sucrés, confitures, bonbons..........	748.385	»	99.329	75.741
Couleurs......................	776 370	»	349.763	138.307
Soies et bourres de soie	420.052	332.900	740.642	318.111
Tabacs fabriqués et bruts.......	10.507	5.298.556	185.350	475.253
Légumes frais, salés et conservés	591.529	»	57.692	35.651
Cuivre......................	580.718	»	53.816	16.146
Mules, mulets, bêtes de somme.	553.000	1.144.125	75.600	23.345
Espèces médicinales.......... ..	459.327	»	25.352	19.653
Ouvrages en caoutchouc et en gutta-percha	427.610	»	28.216	7.064
Médicaments composés........	411.677	»	86.309	28.910
A reporter..... .	197.596.732	24.331.781	24.272 773	16.916.742

Importations (Suite)

DÉSIGNATION des MARCHANDISES	EN ALGÉRIE		EN TUNISIE	
	de France et Colonies	de l'Etranger	de France	de l'Etranger
Report............	197.596.732	24.272.781	24.272.773	16.915.742
Instruments de musique........	367.287	»	29.453	21.321
Huiles volatiles et essences minérales.....................	264.205	992.244	31.304	376.427
Chevaux........................	363.500	»	52.625	30.080
Eaux minérales, gazeuses et autres	294.780	»	37.589	9.993
Coutellerie	278.873	»	28.530	21.475
Marbres	252.299	»	2.714	176.620
Corsets et ouvrages de mode...	246.874	»	103.209	8.241
Vannerie	281.527	81.418	19.988	11.702
Vaches et bestiaux divers.......	263.235	17 766.531	188.793	13.670
Colis postaux.......	28.576.770	»	1.998.375	392.727
Houille crue...................	»	6.670.557	195.790	497.378
Huiles de graines grasses......	»	407.490	88.112	15.540
Laines en masse...............	»	192.651	22.300	6.908
Cordages de chanvre, de sparte, etc.........................	»	104.986	63.407	117.320
Articles divers.................	7.863.008	6.231.246	595.253	675.904
Or et platine brut..............	»	»	125.309	350
Argent brut....	»	»	705.451	7.000
Ensemble.........	236.649.081	56.778.444	28 546.975	19.299.398
Totaux...............	293.428.025		47.846.373	
La moyenne des Importations pendant les années 1879-1880 et 1881 a été de...............	152.486.029		12.997.474	
Augmentation........	140.941.996		34.848.899	
Soit environ pas année.......	8.800.000		2.200.000	

Exportations

DÉSIGNATION des MARCHANDISES	D'ALGÉRIE		DE TUNISIE	
	En France	à l'Etranger	en France	à l'Etranger
Vins	75.498.060	»	1.275.505	»
Céréales, grains et farines	103.491.367	3.965.066	14.751 358	9 797 300
Béliers, brebis, moutons	41.392.599	208 191	2.159.435	953.405
Bœufs	29.993.250	824.422	1.431.300	5'3.152
Chevaux	9.052.550	651.000	735.340	301.210
Peaux et pelleteries brutes	7 773.545	2.696.522	795.325	352.151
Laines en masse	12.003.123	153.187	435.310	241.705
Tabacs fabriqués	4.734.700	5.875.704	»	»
Fruits de table	3 556 843	»	»	»
Tabacs en feuilles ou en côtes	3.289.003	154.490	»	»
Liège brut, râpé ou en planches	3.361.269	2 438.031	215.795	175.795
Poissons frais, secs ou fumés, éponges	2.676.490	1.051.374	1.997 321	652.157
Légumes frais	2.207.209	»	45.410	21.704
Crin végétal	2.315.482	2 390.709	»	»
Huiles volatiles et essences	1.296.540	»	»	»
Eaux-de-vie, esprits et liqueurs	600.628	»	50.351	»
Phosphates naturels	2.397.970	»	»	»
Huile fine pure d'olive	1.045.161	24.737	6.415.351	1.452.795
Légumes secs et leurs farines	790.063	118.435	2.652.309	1.298.541
Tartrates de potasse	094.305	»	»	»
Cuivre en minerai	1.270.772	»	»	»
Gruaux, semoules en gruau, grains perlés	664.282	»	»	»
Corail brut	979.500	209.308	»	»
Ecorces à tan	788.342	1.182.105	1.795.359	2.975.940
Liège ouvré	705 665	»	»	»
Son de toutes graines	399.623	233.079	»	»
Sparte ou alfa	391.699	6.919.756	351.705	1.151.947
Porcs	647.625	»	»	»
Espèces médicinales	313.687		»	»
Mules et mulets	249.500		»	»
Peaux et pelleteries préparées	294.312	503.308	38.509	64.451
Fer, fonte, acier, minerais compris	336.595	2.571.406	»	»
Os et sabots de bestiaux	221.964	»	»	»
A reporter	345.376.623	32.200.830	35.146.183	19.082.253

Exportations (Suite)

DÉSIGNATION des MARCHANDISES	D'ALGÉRIE		DE TUNISIE	
	en France	à l'Etranger	en France	à l'Etranger
Report.......	345.376.623	32.200.830	35.146.183	19.082.253
Fourrages	811.632	1.223.066	»	»
Anes et ânesses...............	177.160	»	56.305	27.915
Graines de lin...	174.692	»	»	»
Cire brute	212.085	39.165	101.309	49.502
Veaux	324.606	»	»	»
Pommes de terre...	169.048	»	»	»
Poils de Messine..............	126.000	»	7.500	»
Huiles aromatisées............	121.349	»	»	»
Drilles.......................	165.903	»	»	»
Cordages de sparte, tilleul, jonc.	97.456	»	210.702	61.504
Cornes de bétail brutes........	125.466	»	»	»
Graisses animales autres que de poiss n	109.552	»	45.305	28.747
Semoules en pâtes d'Italie	126.785	»	»	»
Outils et ouvrages en métaux..	93.621	»	»	»
Sel marin, de saline, sel gemme.	68.729	»	»	»
Tissus de coton...............	»	10.427.942	»	305.749
Minerais de plomb et de zinc...	309.505	635.679	565.795	975.451
Vêtements confectionnés..	»	552.870	»	»
Futailles vides................	»	478.524	»	»
Tissus de lin, de chanvre, de ramie	»	97.616	»	»
Tissus de soie.................	»	85.399	»	41.705
Tissus de laine...............	»	92.382	151.701	810.305
Articles divers................	4.496.562	16.208.403	4.151.509	1.510.309
Ensemble.........	353.085.832	62.051.786	40.436.309	22.873.444
Totaux.........	415.137.698		63.306.753	
La moyenne des exportations pendant les années 1879-1880 et 1881, a été de........	52.121.339		14.665.751	
Augmentation....	363.016.359		48.637.002	
Soit environ, par année.......	71.000.000		3.000.000	

Les chiffres qui précédent ont leur éloquence comme on le voit. Ainsi l'action des pouvoirs publics, s'appuyant sur l'initiative privée, a été féconde pour la prospérité publique ; mais si on a beaucoup fait, il y a encore plus à faire et l'industrie française devrait fortement cultiver ce champ d'expériences, de renseignements qu'est l'Afrique du Nord, où elle peut, par l'intermédiaire d'agents dévoués, se mettre au courant des améliorations apportées par ses concurrents dans leur fabrication.

Elle ferait son profit de ses études, non seulement ici, mais sur les autres marchés d'Orient où elle est en moins bonne situation. Les populations de ces pays-ci sont passives, attachées à leurs usages. Leur vie actuelle est sensiblement la même que celle de leurs pères ; notre civilisation les entoure, mais ne les absorbe pas. Il ne suffit donc pas d'arriver avec des modèles et des échantillons se vendant bien en France, mais avec ces échantillons en rapport avec les besoins du pays.

Nous conseillons aux maisons françaises d'apporter tous leurs soins dans le choix de leurs représentants, et de ne pas accepter sans contrôle ceux qui peuvent, à leur choix, augmenter le renom de leurs maisons ou jeter sur elles le discrédit.

Il est depuis quelque temps de notoriété publique que les relations commerciales de l'Algérie et de la Tunisie avec les pays d'Europe sont souvent altérées par des procédés plus ou moins incorrects, ce qui cause un grave préjudice à la réputation de nos honnêtes compatriotes que l'on a trop l'habitude, dans la Métropole, de confondre avec cette tourbe cosmopolite qui encombre nos laborieuses cités.

AGRICULTURE

Valeur des terres. — On pose souvent cette question à laquelle il n'est pas permis de répondre brièvement et catégoriquement : *quel est le prix de la terre en Algérie, en Tunisie ?* Si l'on réfléchit que sur une superficie de 35.000.000 d'hectares cultivables, la nature du sol d'abord, son état de défrichement ensuite, puis la situation topographique et enfin la facilité des communications, la proximité ou l'éloignement des débouchés, sont autant de raisons de plus ou moins value, on comprendra qu'il est difficile de donner des appréciations fermes et générales.

Cependant, en supputant des faits précis, pris dans l'ensemble, on peut arriver à donner une idée approximative de la relation qui existe entre la valeur d'une terre et le prix qu'elle représente.

La valeur vénale d'une terre doit d'abord être calculée par la rente qu'elle peut donner.

La rente est la somme qui reste entre les mains d'un agriculteur chaque année après tous les frais payés ; mais en agriculture — et en Afrique plus qu'ailleurs — les années se suivent sans se ressembler, les récoltes, par conséquent, ne sont pas uniformes, il faut donc, pour établir un compte à peu près normal, le baser sur une période de *dix années* : c'est de cette manière qu'ont été établis les chiffres qui suivent :

Leroux phot., Alger.

Giralt sc., Mustapha.

Une ferme algérienne

Dans toute la région, la valeur locative des terres varie du 10ᵉ au 15ᵉ de leur valeur vénale ; c'est une règle que l'on retrouvera partout. Cette proportion très élevée de la valeur locative est basée sur le taux de l'argent.

La facilité des débouchés qui régit pour une notable part la valeur d'une propriété rurale fera éternellement la loi en agriculture.

Près du littoral le cercle des cultures est très étendu parce que la proximité des ports d'embarquement permet d'écouler en Europe ce que l'on ne peut expédier avantageusement à l'intérieur ; aussi la terre y a-t-elle acquis déjà une valeur vénale importante et c'est dans cette région qu'elle donne les plus beaux et les plus sûrs bénéfices et plus particulièrement dans les plaines irrigables.

Renseignements atmosphériques.— Il n'y a en Algérie et Tunisie, que deux saisons, la saison des chaleurs. l'été, celle pendant laquelle on récolte, et la saison des pluies, celle pendant laquelle on sème et plante : c'est l'hiver. Le printemps et l'automne ne sont que des termes de transition.

Dans la zone cultivable, la moyenne de la hauteur barométrique est de 0.762 en été, et de 0.782 en hiver ; la moyenne thermométrique est de $+ 13°$ en hiver et $+ 23°$ en été avec des extrêmes de $— 2°$ et $+ 40°$.

Les pluies, ordinairement très rares de mai à septembre, assez fréquentes dès septembre, abondantes et parfois continuelles en décembre et février sont amenées par les vents du Nord, Nord-Ouest et Ouest ; le régime des pluies est régulier et il est bien rare que les quantités d'eau tombées ne suffisent pas à effectuer les labours dans de bonnes conditions et à assurer la pousse des céréales d'hiver.

La grêle est bien moins redoutable en Algérie-Tunisie qu'en Europe, en ce sens que dans la saison des récoltes, c'est-à-dire de mai en octobre, les orages sont très rares et dans le Tell, notamment, c'est-à-dire dans la zone cultivée et qui aurait à souffrir, ces orages sont à peu près inconnus parce qu'ils ne franchissent pas les cimes de l'Atlas.

Modes d'exploitation. — Quatre modes d'exploitation sont en usage :

1° *L'exploitation directe*, c'est-à-dire par le propriétaire ; c'est assurément le plus logique et le meilleur ; cependant, par le seul fait qu'on est propriétaire, il ne s'en suit pas qu'on ait les aptitudes requises pour une direction effective et beaucoup de gens qui possèdent affaires ailleurs font valoir leurs terres par l'intermédiaire d'un régisseur ou gérant.

2° *Le fermage* est le mode le plus généralement usité dans les contrées agricoles où la propriété n'est pas excessivement morcelée et où les capitalistes propriétaires abondent. Dès que ceux-ci ne veulent pas consacrer leur temps et leurs soins à faire rendre eux-mêmes à leur terre le revenu en vue duquel ils ont fait un placement, ils la louent à un cultivateur pour un certain nombre d'années, ordinairement 3, 6 et 9 ; le fermier paie annuellement par semestre et d'avance le loyer qui, pour être équitable, ne doit s'appliquer qu'aux terrains dont il peut être fait usage.

3° Le troisième mode est *le métayage*, c'est-à-dire le partage des produits par moitié entre le propriétaire et le cultivateur ; ordinairement c'est le propriétaire qui fournit le cheptel et qui fait toutes les avances d'exploitation ; au moment de la récolte, il retire toutes les avances pour, le bénéfice net, être partagé en deux parts égales ; le métayage, comme les baux, se conclut pour 3, 6 ou 9 années.

4° *L'emphytéose* est le quatrième mode adopté ; il consiste en ce que le propriétaire donne au preneur la jouissance du fonds pour un temps déterminé, à charge par ce dernier d'y exécuter à titre de loyer des défrichements, des plantations, quelquefois même des constructions. D'après la loi, la durée de l'emphytéose ne peut pas être moindre que 20 ans, ni dépasser 99 ans ; cependant, par des conventions qui s'exécutent très bien, on donne pour sept années de jouissance entière des produits, y compris les années de plantations, la création d'une vigne ; le propriétaire ne fournit que les plants : quatre années de récoltes en vin indemnisent largement l'emphytéote. Nous citerons pour mémoire les modes d'exploitation indigènes, bien qu'ils n'aient qu'un médiocre intérêt pour le colon européen, ce sont : les contrats de fermage, de kammessa, de m'rharça, usités surtout en Tunisie.

Main-d'œuvre. — Dans nos régions, il y a deux catégories d'ouvriers agricoles, les Européens et les Indigènes ; parmi les premiers, le meilleur ouvrier des champs est l'Espagnol et notamment le Mahonnais.

L'ouvrier vigneron européen se paie 50 francs par mois, le laboureur 30 à 40 francs, plus leur nourriture qu'il faut estimer à raison de 2 francs par jour. A la journée, les mêmes ouvriers se paient 4 francs et 2 fr. 50 par jour sans la nourriture qu'ils se procurent à leur gré.

L'ouvrier indigène, au mois, se paie, sans nourriture 30 à 40 francs ; à la journée 1 fr. 25 à 2 francs s'il est manœuvre ; si c'est un moissonneur ou un faucheur, sa journée se paie 4 francs ; un berger indigène se paie sans nourriture 15 à 25 francs par mois.

Engrais. — L'emploi des engrais se généralise dans le fumier et les engrais végétaux ; les engrais chimiques ne sont pas encore employés à cause de leur prix de revient trop élevé.

Défrichement. — Le défrichement d'un hectare de broussailles, de lentisques, oliviers sauvages, phyllarias, ajoncs, aubépines, jujubiers, etc., varie de 50 à 250 francs ; le labour ordinaire coûte 40 à 50 francs.

Productions du sol. — *Blé*. — On cultive dans l'Afrique du Nord deux espèces de blé, le blé dur et le blé tendre ; le blé dur, surtout celui du Tell et du Haut-Tell, très riche en gluten, est demandé par la Métropole pour la fabrication de semoules et de pâtes alimentaires qui sont réellement supérieures.

La récolte moyenne en blé en Algérie est actuellement de 6.000.000 de quintaux ; en Tunisie elle atteint 2.500.000 quintaux.

Un hectare de blé coûte :

Un labour profond	40	
— léger	20	
Un hersage	6	Total . . **125** fr.
1 q. 50 de semence à 20 fr.	30	
Moisson	16	
Battage, vannage et autres frais	13	
Le rendement moyen étant de 8 à 10 quintaux à 20 fr.	**180**	
Le bénéfice par hectare est de	**55** fr.	

Laissons 18 quintaux de paille à 3 francs le quintal qui serviront à l'entretien des bêtes de travail. En terre irriguée ou en plaine, un hectare de terre peut produire un tiers en plus, et en mettant en ligne de compte les frais complémentaires de main-d'œuvre nécessités pour l'irrigation, le bénéfice moyen atteint environ par hectare .... 80 francs.

Orge. — L'Afrique du Nord produit aussi de grandes quantités d'orge :

10.000.000 de quintaux environ en Algérie ;

Et 3.000.000 de quintaux en Tunisie.

Les orges sont achetées surtout par la brasserie qui recherche des grains bien remplis, à écorce fine, de grosseur uniforme, de couleur jaune paille, à cassure plutôt farineuse que vitreuse ; les orges d'Algérie et de Tunisie, bien que n'ayant pas toutes ces qualités, répondent bien aux exigences de la malterie qui, ne pouvant s'alimenter sur place par suite de l'insuffisance de la production française, fait en Afrique des approvisionnements considérables pour le Nord de la France.

Le rendement de l'orge est généralement supérieur au blé et le bénéfice qu'on en tire par hectare de sa culture en terrain ordinaire est de .... 70 francs.

Sur terre riche irrigable l'orge, comme fourrage vert, est une précieuse ressource en janvier.

Avoine. — L'avoine n'est guère récoltée que par les Européens, elle est de bonne qualité et sa culture tend à se répandre dans de notables proportions ; elle rend 15 quintaux à l'hectare, à 13 francs le quintal, et comme les frais de culture sont moindres que pour le blé, le bénéfice net à l'hectare atteint.............. 95 francs.

Maïs. — Le maïs commence à être cultivé sur une assez vaste échelle et partout dans les plaines fraîches, dans les sols profonds et surtout dans ceux qui sont irrigables, le maïs donne des produits inconnus ailleurs ; son rendement qui est de 15 quintaux à l'hectare en terrain non irrigué, à 18 francs le quintal donne 270 fr.

Un hectare de maïs coûtant :

Deux labours (profond et léger)	62	
Semence et semaille	15	148 fr.
Deux binages et buttage	36	
Récolte et battage	35	
Le bénéfice net par hectare est de	**132** fr.	

Leroux phot., Alger.

Girall sc., Mustapha.

Intérieur de ferme

Cultivé comme fourrage vert, le maïs donne 70 tonnes à l'hectare qui équivalent à 30 tonnes de foin de première qualité.

En terrain irrigable, le maïs demande la même préparation du sol et les mêmes frais de culture, mais son rendement atteignant 25 quintaux, porte le bénéfice net à l'hectare à 350 francs.

Nous arrêterons là ces généralités concernant les céréales qui ont le plus de succès dans les exploitations algériennes et tunisiennes et nous passerons aux légumineuses et plantes alimentaires qui donnent le plus grand rendement et qui sont généralement cultivées dans le Tell.

Fève. — Parmi les plantes sarclées qui offrent le plus grand rendement et peuvent aider à un assolement régulier, on doit indiquer la fève, qui pousse avec vigueur et donne en vert une nourriture saine et abondante ; une fois mûre son rendement est de 15 quintaux, à 18 francs, soit. . . . . 270 fr.
L'hectare coûte 124

Le bénéfice net est de. . . . . 124 fr.

Haricots. pois. — Les haricots et les pois chiches viennent aussi facilement en terre sèche ; on les sème en mars et avril, ils favorisent les assolements ; leur rendement est de 11 quintaux, à 35 francs, soit. 385 fr.
L'hectare coûte 185

Le bénéfice net est de. . . . . 200 fr.

Betterave. — La betterave arrive en récolte juste au moment où il y a disette de fourrage vert et a préparé le sol aux semailles immédiates ; elle est très recommandable dans ces conditions, mais elle est appelée à un grand avenir, car de tous points on pousse à sa culture pour la fabrication du sucre ; à Orléansville, déjà une fabrique est en construction et à Tunis des expériences ont été faites au Jardin d'Essai qui ont été de tous points satisfaisantes ; la betterave fournit 40 tonnes de racines et 10 tonnes de feuilles.

Navet. — Le navet est aussi très apprécié comme fourrage et donne un rendement de 25 tonnes de racines et 6 tonnes de feuilles

Pomme de terre. — La pomme de terre donne d'assez bons résultats ; sa vente est rémunératrice comme primeur, elle est récoltée, dans ce cas, en février ; mais sa culture coûte cher, elle produit 40 à 60 quintaux à l'hectare.

Primeurs. — La culture des plantes de primeurs, quand elle est possible, est une source de richesse :

Les artichauts donnent un rendement net à l'hectare de 1.500 fr.
Les choux-fleurs   id.   1.000
Les melons   id.   900
Les petits pois et haricots verts id.   2.000
Les oranges et mandarines   id.   2.000

Lin. — Parmi les plantes industrielles ou textiles il y a lieu de citer le lin dont le bénéfice net à l'hectare varie de 400 à 600 fr.

Les Romains cultivaient ce textile en Afrique et en faisaient des tissus qui étaient exportés en Italie.

Géranium. — Le géranium, par son essence, donne un produit

Chameau

net à l'hectare de 200 francs, plus le résidu de la distillerie qui donne un excellent engrais.

Alfa. — L'Algérie exporte annuellement 90.000 tonnes d'alfa, la Tunisie 30.000 tonnes ; ajoutons les alfa utilisés dans le pays comme ouvrages de sparterie, ce qui porte la récolte totale annuelle à plus de 150.000 tonnes ; cette production est du reste de beaucoup inférieure à ce qu'elle pourrait être, puisque la moitié de la surface des Hauts-Plateaux, soit environ 5.000.000 d'hectares, est recouverte de peuplements d'alfa et que le dixième seulement est exploité.

La plus grande partie de l'alfa exporté sert à fabriquer en Angleterre et en Belgique une excellente pâte à papier. Le papier d'alfa, souple, résistant, très homogène, soyeux et transparent, est employé pour les éditions de luxe, l'impression de journaux illustrés, etc. En outre, la vannerie, la sparterie et la corderie utilisent des quantités assez considérables d'alfa ; son prix varie de 7 à 15 francs le quintal.

Liège. — Il existe en Algérie 500.000 hectares de forêts de chênes-liège et 82.000 hectares en Tunisie. L'Etat possède plus de la moitié de cette surface et cette étendue est supérieure à celle de toutes les forêts de chênes-liège du Portugal et de l'Espagne. L'Afrique du Nord et particulièrement le département de Constantine, est donc appelé à devenir un des principaux pays de production du liège. Chaque année, le service forestier vend des quantités de liège (environ 70.000 quintaux et on espère que cette vente atteindra 200.000 quintaux dans 10 ans).

Sur les 200.000 hectares appartenant à des particuliers et surtout à des Sociétés, ont été installées de grandes exploitations qui sont en pleine activité et très propères.

Il est exporté d'Algérie et de Tunisie, chaque année, près de 200.000 quintaux de liège ayant subi les premières préparations ; le prix du quintal, rendu à quai, est de . . . . 45 fr.
Les frais d'exploitation s'élevant à 15

Le bénéfice net par quintal est de. . . . 30 fr.

Ecorce à tan. — L'exportation des écorces à tan atteint 500.000 quintaux produits par les forêts de chênes-liège d'Algérie et de Tunisie ; rendu au quai d'embarquement, l'écorce à tan vaut 10 à 12 francs le quintal.

Crin végétal. — Le crin végétal, qui est le produit obtenu par le peignage du palmier nain, est de plus en plus demandé par le commerce, surtout à l'étranger ; l'exportation dépasse 250.000 quintaux par année ; elle est susceptible d'être augmentée dans des proportions considérables.

Tabacs. — L'Algérie produit annuellement 50.000 quintaux de tabacs qui sont achetés jusqu'à concurrence de 30.000 quintaux par l'administration des manufactures nationales ; l'industrie locale a pu, d'autre part, faire accepter dans les colonies françaises et à l'étranger, en Belgique notamment, des types de cigarettes fabriquées à Alger et à Oran qui sont au goût d'un grand nombre de fumeurs.

Olivier. — L'olivier est très répandu en Algérie et en Tunisie. La quantité d'huile d'olive récoltée chaque année atteint 1.000.000 d'hectolitres. Une partie est consommée sur place ; 60 0/0 sont exportés en Europe.

Nous avons épuisé le chapitre des productions agricoles proprement dites ; il nous reste à exposer l'élevage des bestiaux et la culture de la vigne lesquels sont, sans contredit, les plus grandes ssurces de la richesse publique et privée en Algérie comme en Tunisie.

Élevage des bestiaux. — Pour l'entretien et l'élevage des bestiaux, il faut du fourrage et des paccages ; or, la nature se prête admirablement dans l'Afrique du Nord à seconder les efforts de l'homme laborieux et intelligent : tous les sols, quelle que soit leur nature, se garnissent en hiver d'une végétation spontanée ; sur un

Leroux phot., Alger   Girall sc., Mustapha.

Chevaux algériens

champ de jachère, mais qui a été labouré l'année précédente, cette végétation atteint, au moment de la floraison, la plus grande hauteur que comporte la hauteur de ces herbes, elle est composée :

de 2/10 environ de graminées,
de 3/10 environ de légumineuses,
et de 5/10 environ de chicorée sauvage, renoncules, chrysanthènes, scille maritime, etc.

La quantité de fourrage récolté par hectare est de 40 à 45 qnintaux en plaine et de 25 à 30 quintaux en coteau. Ce fourrage a une valeur vénale de 5 francs le quintal et n'occupe guère le terrain que de février à mai, le reste de l'année il fait place au pâturage.

Les variétés de fourrages naturels et artificiels qui réussissent bien dans les sols algériens et tunisiens sont :

Le sainfoin d'Espagne ou *sulla*, qui donne à l'hectare 50 à 70 quintaux de fourrage sec ;

La *luzerne* qui ne dure guère que 3 ans et qui fournit 7 coupes par an de 35 quintaux de fourrage frais ;

La *vesce*, qui produit 100 à 120 quintaux de fourrage frais ou 40 à 60 quintaux de fourrage sec ;

L'*orge*, le *seigle*, l'*avoine* qui, cultivés comme fourrages, donnent 120 quintaux de nourriture verte ou 22 à 25 quintaux de nourriture sèche ;

La *moutarde blanche* qui, généralement cultivée en deuxième récolte, donne un rendement aussi important que l'orge, comme fourrage ;

Le *maïs* vert qui rend 500 quintaux de fourrage frais à l'hectare ;

Le *sorgho* qui donne deux coupes de fourrage vert, l'une de 400 quintaux et l'autre de 250 quintaux à l'hectare.

L'Afrique du Nord, et plus particulièrement dans la région des Hauts-Plateaux, est donc essentiellement un pays d'élevage. Prélèvement fait du nombre d'animaux nécessaires à la consommation locale, le troupeau algérien-tunisien fournit annuellement plus de 1.000.000 de têtes pour l'exportation en France. Ce chiffre est loin de représenter un maximum, car des soins judicieux donnés aux moutons, notamment aux agneaux, ne sauraient manquer d'amener un certain accroissement de l'effectif du troupeau. La Métropole, de son côté, qui s'approvisionne pour partie à l'étranger et particulièrement en Allemagne, en Autriche et dans la République Argentine, augmenterait ses achats dans la colonie si la production moutonnière de cette dernière venait à être portée à 12 ou 15 millions de têtes.

Le chiffre des *bovidés* s'élève à 2.600.000 têtes. Les exportations d'animaux de cette espèce représentent annuellement une valeur de 30.000.000 francs.

Quant *aux chevaux et mulets*, au nombre de 300.000 environ pour les premiers et de 200.000 pour les seconds, ils fournissent à la remonte 3.500 à 4.000 animaux de selle ou de bât et 4.000 à l'exportation.

Les 10 à 12 millions de moutons qui constituent l'effectif du troupeau algérien-tunisien produisent des laines abondantes dont une grande partie est utilisée sur place pour la fabrication des tissus indigènes. Le surplus est livré au commerce qui exporte annuellement environ 7.000.000 de kilogs.

La valeur des peaux brutes expédiées d'Algérie et de Tunisie atteint chaque année 11.500.000 francs.

Ces chiffres indiquent l'importance de la production animale.

L'élevage, du moins chez les indigènes, se fait en quelque sorte à l'état de nature, sans frais, mais aussi sans grand effort de leur part pour améliorer le bétail. L'application des méthodes perfectionnées est tentée depuis quelque temps par un certain nombre de colons, avec des résultats divers.

L'importation de *bovidés* provenant de l'Europe centrale demeure une opération hasardée ; elle est effectuée par les nourrisseurs qui, aux environs des grandes villes, entretiennent pour la production du lait — à 0 fr. 40 le litre — des vaches choisies parmi les races les plus laitières.

En matière d'élevage, le champ est largement ouvert en Algérie et en Tunisie aux entreprises de toutes sortes et en particulier d'amélioration ; il serait désirable de les voir tenter par un plus grand nombre de colons, surtout par des agriculteurs venant des régions de la France où les méthodes zootechniques sont arrivées

Leroux phot., Alger.   Giralt sc., Mustapha.

Vache de Guelma

à leur plus haut degré de perfection. Il y a place, en effet, pour de nombreuses fermes d'élevage à créer dans des régions où existent, où peuvent être aménagés de bons pâturages au moyen de l'irrigation.

Que l'éleveur européen se livre à la production en première ou en seconde main du cheval, du bœuf et surtout du mouton, il pourra faire rendre à ses capitaux un intérêt élevé s'il est actif, intelligent et si, s'affranchissant de tout parti pris, il sait se plier aux exigences du nouveau milieu dans lequel il se trouvera, et adapter à ce milieu les méthodes rationnelles de culture et d'élevage qu'il a pratiquées dans la Métropole.

Le meilleur système d'élevage est la demi-stabulation qui comprend l'entretien du bétail à l'étable pendant un certain temps.

Un bouvillon de 18 mois acheté aux indigènes coûte en moyenne . . . . 36 fr.

Trois ans après, il est adulte et vaut sur le marché au moment de l'exportation. 200

En déduisant le prix d'acquisition on a réalisé un bénéfice de . . . . 264 fr.

Soit 55 francs par an, desquels il y a lieu de déduire les frais d'entretien, de nourriture, gardiennage, logement, etc., évalués à 25 francs par an, le bénéfice net est donc par année et par tête, de 30

Une belle génisse en état de gestation coûte 90

Soignée convenablement elle donne, pendant les 6 ans que doit durer sa présence sur l'exploitation, cinq veaux qui valent chacun 50 francs soit en total. . . . . 250 ⎫
Plus-value de la mère comme bête de boucherie: 60 ⎬ 310
Pendant 6 ans la mère a coûté d'entretien à 25 francs par an 150

Le bénéfice est de . . . . 160 fr.

Soit par tête et par an 27

Le mouton a une valeur vénale de 12 à 16 francs à l'état maigre. et de 20 à 25 francs en graisse ; son rendement est de 16 à 22 kilogs de viande ; nette sa toison pèse 1ᵏ,500 et vaut 1 fr. 50. A dix mois la brebis est apte à concevoir, elle produit deux agneaux par an qui se vendent à deux mois 15 à 20 francs.

Culture de la vigne. — La culture de la vigne tient un rang très élevé, une place importante dans l'agriculture algérienne-tunisienne. La culture de ce précieux végétal a amené aussi des résultats d'une extrême importance par les travaux considérables qu'elle a déterminés et qui ont forcé les colons à user de toutes les ressources ouvrières de la colonie.

Quelques années après les désastres de 1870, des propriétaires du Midi de la France, découragés ou ruinés par les progrès incessants du phylloxéra, vinrent s'établir en Algérie pour essayer de relever leur fortune dans ce pays encore indemne et si favorable à la vigne.

Ils nous apportèrent leur expérience, leurs bonnes méthodes de vinification et favorisèrent par leur exemple l'immigration d'ouvriers vignerons de leur pays : l'élan était donné, l'Algérie s'y laissa aller avec une extrême ardeur bien que cette culture impose d'énormes sacrifices.

Le développement considérable qu'a pris le vignoble du Nord de l'Afrique a commencé surtout, il y a une quinzaine d'années, sous l'influence de la surélévation du prix des vins.

Le climat et le sol algérien-tunisien se prêtent d'ailleurs admirablement à la culture de la vigne ; aussi la superficie plantée,

atteint-elle 120.000 hectares en Algérie, et 7.000 en Tunisie sus-
ceptibles de donner un rendement annuel de 7 à 8 millions d'hectolitres de vin.

Si l'on estime à 1.500.000 hectolitres la quantité de vin consommée

Leroux phot., Alger.   Girall sc., Mustapha.

Bourriquots

sur place, on voit que pour l'exportation il reste 6.000.000 d'hectolitres de vin qui sont expédiés, pour la presque totalité, en France.

Le vignoble en Algérie s'étend sur plus de 1.200 kilomètres de côtes ; la vigne exploitée pour la production du vin occupe une zone littoralienne de plus de 100 kilomètres de profondeur, et sur cette immense étendue, elle a été plantée dans les terrains les plus divers, au point de vue de l'altitude, de l'exposition, de la composition du sol, etc.. Cependant, quel que soit le climat auquel le vignoble est soumis, quelle que soit la diversité des cépages cultivés, si différents que soient les procédés de vinification employés, le produit, une fois exporté est connu au dehors sous le nom de " *Vin d'Algérie* " sans autre spécification ; on confond ainsi les vins récoltés sur les flancs des montagnes de l'intérieur de la colonie, avec ceux des plaines basses du littoral. Aussi sous cette unique dénomination trouve-t-on dans le commerce les produits les plus hétérogènes, n'ayant souvent aucun rapport entre eux et nullement comparables.

Cet usage, il n'est pas étonnant, a eu pour résultat de jeter dans l'esprit des consommateurs de regrettables confusions et de faire naître chez eux les opinions les plus contradictoires sur la valeur des vins d'Algérie et de Tunisie.

Enfin, pendant longtemps, alors que la fabrication des vins artificiels était florissante, le commerce désigna et mit en vente, au grand préjudice des producteurs algériens, sous le nom de " *Vin d'Algérie* ", des vins faits de toutes pièces et d'origine douteuse.

Il y a pour le consommateur comme pour le négociant, intérêt à connaître les différents crus algériens et tunisiens afin de pouvoir, dans cette diversité considérable de produits, choisir ceux qui sont à sa convenance et à son goût. Pour l'un comme pour l'autre, il serait intéressant de posséder une classification des produits algériens et tunisiens d'après leur nature et leur valeur et de connaître les régions produisant les différents types de vins demandés pour la table et les coupages.

Une première tentative de cette classification a été faite par un négociant de Bordeaux, M. Berniard ; un autre essai, dû à M. Lecq, inspecteur de l'Agriculture en Algérie, rend de sérieux services au producteur et au consommateur ; bien qu'ainsi établie par des autorités en la matière, cette classification ne saurait être définitive à cause des éléments si divers qui agissent sur la qualité d'un vin et qui se résument par la nature du cépage, la nature du sol, celle du climat, l'altitude, la situation géographique, l'exposition, les modes de culture et les procédés de vinification.

Les frais d'établissement d'un vignoble sont très variables suivant qu'on fait bien ou mal les choses ; mais nous admettons qu'on doit bien les faire pour avoir une bonne vigne, alors ces frais par hectare se décomposent comme suit :

Défrichement environ	75 fr.
Défoncement.	400
Plantation et frais d'entretien pendant la 1re année. . . .	200
Frais d'entretien de la seconde année	250
Frais — la troisième année	350
Instruments agricoles et ustensiles spéciaux	125
Foudres et cuves	700
Construction des celliers	350
Valeur du terrain	350
Total après la 3e année	2.800 fr.

Leroux phot., Alger.   Vignoble algérien   Girall sc., Mustapha.

En plein rapport, c'est-à-dire après la 4ᵉ année, ce vignoble donnerait un rendement de 40 à 80 hectolitres en coteau valant 15 à 25 francs, soit . . . . 1.200 fr.
Ou 100 à 200 hectolit. en plaine, valant 10 à 12 fr. soit   1.650

En moyenne. . . . . . . 1.425 fr.

Les frais annuels d'entretien s'élèveront à . . . . .   275 ⎫
Traitement des maladies cryptogamiques . . . . .   50 ⎬   565
Intérêts à 5 0/0 sur le capital de 2.600 . . . .   140 ⎪
Vendange et vinification. . . . .   100 ⎭

Bénéfice net à l'hectare. . . . . . .   860 fr.

INDUSTRIE

La progression de l'industrie européenne dans l'Afrique du Nord a été de front avec le mouvement de l'immigration.

Industrie du bâtement. — Comme en général dans tous les pays nouvellement livrés à la colonisation, la marche du mouvement industriel fut ouverte par l'industrie du bâtiment. Des centaines de millions ont été dépensés dans les travaux publics.

Des capitalistes, attirés dans un but de curiosité et séduits par le spectacle de l'animation que répandait l'abondance du travail, pleins de confiance dans l'avenir, furent entraînés par le courant et voulurent s'intéresser à ce pays. Malgré la hausse toujours croissante du prix des terrains dans les villes, ils y achetèrent de grandes surfaces et y firent élever de vastes immeubles. La spéculation entra en jeu : des agglomérations d'habitations surgirent de tous côtés et formèrent bientôt des cités. des centres commerciaux actifs, là où la veille rien n'existait encore, dans les cités déjà anciennes, des quartiers nouveaux, aux rues correctement alignées naquirent, spontanément, habités aussitôt par la population chaque jour plus dense des immigrants.

Le prix des terrains à bâtir dans les centres importants n'est pas inférieur à 5 francs le mètre superficiel et dépasse même 350 fr. dans les grandes villes.

La construction coûte environ 80 fr. à 100 fr. par mètre superficiel d'étage couvert et se loue de 10 fr. à 50 fr., assurant aux capitaux engagés un intérêt net et minimum de 8 à 20 0/0.

Exploitation des forêts. — L'exploitation des belles forêts de cèdre qui couronnent les plus hautes montagnes d'Algérie et de Tunisie paraît susceptible d'un grand développement.

On emploie le cèdre pour la confection des traverses de chemin de fer ; le bois est disposé sur le ballast sans aucune préparation antiseptique, l'essence résineuse qu'il contient le préservant de la vermoulure, une traverse purgée d'aubier dure 10 années.

Le bois de cèdre est susceptible d'un beau poli et est très apprécié pour la menuiserie ; très dense et résistant à l'écrasement. il est employé pour le pavage des chaussées et à la fabrication de la pâte à papier ; il a la propriété de se conserver à l'humidité et de durcir dans l'eau.

Il rend les mêmes services que le sapin du Nord pour la charpente et nous qui avons dirigé d'importants travaux de bâtiments dans le Sud du département de Constantine, nous n'avons employé que du cèdre dans les menuiseries, planchers et charpentes de l'immense édifice, de style mauresque, connu du monde des touristes sous le nom de « Royal-Hôtel ».

Les forêts de cèdre occupent une surface supérieure à 35.000 hectares, dont 24.000 environ dans le département de Constantine, et à des altitudes variant de 1.200 mètres à 1.900 mètres ; elles renferment des sujets de dimensions colossales qui atteignent 10 mètres de circonférence et 50 mètres de hauteur.

Le prix d'achat sur pied étant de 9 francs le mètre cube, le prix de la traverse pour chemin de fer revient à.　0 fr. 90
L'abattage et le transport revient à......　2　00

Total........　2　90

Les Compagnies de chemin de fer paient
la traverse.....................　3　50

Le bénéfice net est de......　0 fr. 60 par traverse.
Le prix du mètre cube de charpente sur pied est de ....　9 fr.
L'abattage, le façonnage et le transport reviennent à....　30

Total...............　39 fr.
Le mètre cube se vend en moyenne...................　50

Le bénéfice net et par mètre cube est de.............　11 fr.

Les planches de sciage se vendent dans les environs :

Celles de 0.025 d'épaisseur.......	2 fr. 00 le mètre superficiel.
— 0.03 —	2 20 —
— 0.04 —	2 80 —
— 0.05 —	3 10 —

Mines et Carrières. — On trouve aussi dans le sous-sol de l'Afrique du Nord, et à des profondeurs variables, d'importants gisements de cuivre, plomb, zinc, fer, lignite et jusqu'à du pétrole ; des centaines sont signalées et une vingtaine sont en exploitation ; les carrières de phosphate de chaux, de marbre, d'onyx, d'asphalte, de basalte, etc, toutes ces richesses attendent des capitaux pour être mises en valeur et nous constatons en passant que la plupart des meilleures concessions sont entre les mains des Anglais ! On exporte en ce moment chaque année pour 2.4000.000 fr. de phosphates ; 1.300.000 fr. de minerai de cuivre ; 2.000.000 fr. de minerai de fer ; 2.500.000 fr. de minerai de zinc.

Autres industries. — D'autres industries, d'un ordre plus modeste, mais ayant une certaine importance, appellent l'attention des spécialistes et spéculateurs, nous citerons : la fabrication de l'huile d'olive, la minoterie, la distillerie des marcs de raisin et des plantes odoriférantes, la tonnellerie. la fabrication des chaux et ciments, la briquetterie, la savonnerie, la fabrication des pâtes alimentaires, la pêcherie maritime, la fabrication des engrais chimiques et notamment de « *verdets* » (acétate de cuivre) pour le traitement des maladies de la vigne, etc., etc.

Par l'exposé succinct qui précède on voit combien est vaste et varié le champ d'action qui s'ouvre aux spéculateurs français dans nos possessions de l'Afrique du Nord lesquelles, situées à **36 heures** de Paris, permettent un facile contrôle et assurent, avec un placement de tout repos, des bénéfices considérables aux capitaux confiés à des mains sûres et expérimentées ; nous disions dans notre première édition que si l'appoint de notre modeste appel devait contribuer à vaincre l'esprit d'individualisme qui domine malheureusement chez les capitalistes, industriels et négociants français, nous serions largement récompensé de notre effort et nous répétons qu'on ne fait en France que des tentatives timides et isolées, qu'on y manque de méthode, qu'on éparpille les forces vives de la Patrie en de mesquines querelles et ambitions alors qu'on devrait les grouper pour décupler la puissance de nos moyens d'action comme l'a fait l'étranger, et notamment l'Angleterre, au commencement du siècle, en faisant appel à ce levier merveilleux qu'on appelle l'association et qui permet d'accomplir les plus grandes entreprises.

Nous disions que les capitaux français mal dirigés, mal conseillés, ont presque toujours déserté les entreprises coloniales pour se porter de préférence vers la spéculation et les emprunts étrangers, ou vers des entreprises qui s'exploitent au loin sans contrôle et sans intérêt pour la France ; qu'ils vont généralement commanditer les nations en détresse, que **vingt milliards** de capitaux français prêtent leur appui à l'étranger tandis que nos colonies demeurent isolées, délaissées et végètent pour ainsi dire dans une situation qui menace de tarir les sources de leur richesse naturelle.

Nous disions enfin que le moment est venu de mettre fin à une situation qui compromet l'avenir de la France en général et celui de ses possessions de l'Afrique du Nord en particulier.

Notre appel paraît avoir été entendu, on annonce, en effet, la fondation de sociétés puissamment organisées pour la mise en valeur des richesses naturelles de l'Algérie et de la Tunisie.

Nous serions très heureux d'avoir aussi contribué dans une certaine mesure à ce mouvement et nous adressons aux initiateurs de ces entreprises, toutes nos félicitations en même temps que nous formons des vœux ardents pour que le succès couronne leurs efforts.

L'objet de cette étude est. nous le répétons. d'appeler tout particulièrement l'attention de la Métropole sur notre grande colonie à laquelle on veut bien faire crédit de ressources agricoles sur la foi de vieilles formules empruntées aux Romains, mais qu'on juge trop superficiellement parce qu'on la voit de trop loin et à travers les brouillards du préjugé.

Notre intention serait aussi d'exposer les raisons politiques,

Leroux phot., Alger.

Marché de Moutons

Giralt sc., Mustapha.

économiques et sociologiques qui doivent déterminer la France à s'appuyer fortement sur l'Algérie et la Tunisie.

« L'Algérie, disait récemment une voix autorisée, est le seuil « grandiose d'un immense empire africain. »

Prévost Paradol, écrivait en 1868 : « Il faut considérer comme « absolument chimérique tout projet et toute espérance de conser- « ver à la France son rang relatif dans le monde, si ces espérances, « ces projets ne prennent pas pour point de départ cette maxime : *« le nombre des Français doit s'augmenter assez rapidement pour « maintenir un certain équilibre entre notre puissance et celle « des autres grandes nations de la terre ; quarante millions de « Français concentrés sur notre territoire ne sont guère suffisants « pour faire équilibre aux cinquante et un millions d'Allemands « que la Prusse réunira peut-être un jour sur notre frontière.*

« Si la population s'accroit si lentement sur notre territoire « toute chance nous est enlevée de multiplier rapidement le nombre « des Français et de nous maintenir en quantité sur la terre ; nous « avons encore cette chance suprême et cette chance s'appelle « d'un nom qui devrait être plus populaire en France : l'ALGÉRIE !

« Cette terrre est féconde, elle convient, par la nature du sol, à « une nation d'agriculteurs.

« Cette terre est assez près de nous pour que le Français, qui « n'aime pas à perdre de vue son clocher, ne s'y regarde pas « comme exilé, et puisse continuer à suivre des yeux et du cœur la « Mère-Patrie.

« Puisse-t-il venir bientôt ce jour où nos concitoyens, à l'étroit « dans notre France africaine, déborderont sur le Maroc et la « Tunisie et fonderont cet empire méditerranéen qui ne sera pas « seulement une satisfaction pour notre orgueil, mais qui sera « certainement, dans l'état futur du monde, la dernière ressource « de notre grandeur ! »

Ce vœu de l'ardent patriote a reçu un commencement d'exécu- tion. La France africaine a débordé sur la Tunisie. C'est l'œuvre de la République. Elle eut pu déborder sur le Maroc il y a trente ans lorsque Prévost Paradol adressait au pays un appel inspiré.

La France, que les destinées favorables appelaient vers le Sud, — se tourna vers le Nord dans un moment de vertige.... !

Depuis, redevenue maîtresse d'elle-même, elle a ouvert son âme aux destinées propices. Les observateurs pénétrants, aux claires visions, dont le regard interroge l'avenir, en germe dans le présent, ont déjà prophétisé ces destinées heureuses.

« *L'Afrique révélée,* a dit M. Défossés, *ce sont les Indes moder- nes* ».

L'Afrique du Nord fut le grenier de Rome : elle lui donna les annones, le pain, garantie de sa vie matérielle. Elle doit être pour la France une terre génératrice : elle lui donnera des enfants, des citoyens, garantie de la vie nationale.

———————

Les événements qui se sont produits dernièrement à Alger nous obligent, malgré nous, à faire une légère incursion sur le domaine de la politique locale.

Disons de suite que ces événements ont été démesurément grossis et trop diversement commentés pour que nos compatriotes de la métropole en puissent tirer la vérité.

Il serait très osé, nous le reconnaissons, de prétendre que tout est pour le mieux dans le régime politique de l'Algérie.

Nous pensons, avec un grand nombre de Français de vieilles souches, que des réformes profondes s'imposent et qu'une faute grave a été commise en considérant, à ce point de vue, l'Algérie comme le prolongement de la France.

On ne peut s'empêcher de jeter un regard d'envie sur la tranquillité de la Tunisie où il n'y a ni sénateur, ni député, pas de conseillers généraux, pas même de maires et par conséquent pas d'élection, pas de politique ; on ne songe qu'aux affaires.

Si à ce prix la tranquillité et la reprise normale des affaires peuvent nous être rendues, nombreux sont les Algériens, français de race, hommes d'ordre et de travail qui n'hésiteraient pas à faire abandon momentané des droits politiques qu'une assimilation prématurée leur a douné.

Il est juste de reconnaître cependant que les désordres constatés en Algérie ces derniers temps sont en majeure partie la répercussion des événements métropolitains sur une race jeune et impressionnable à l'excès.

Aux Français d'Algérie, généralement bons et braves, on ne peut guère reprocher que cette vivacité d'allure qui caractérise les habitants des pays méridionaux.

Alger, le 31 mai 1899.

EMILE GAUTHRONET.

SOCIÉTÉ D'ÉTUDES ET D'ENTREPRISES COMMERCIALES,
AGRICOLES ET INDUSTRIELLES

E. GAUTHRONET & Cⁱᵉ, Ingénieurs coloniaux

Siège social : 123, Rue de Constantine, à Alger

Renseignements de toutes natures sur le Commerce, l'Agriculture et l'Industrie de l'Afrique du Nord

Ventes, achats et gérances d'exploitations agricoles et d'immeubles urbains

Spécialité de ventes et achats de tous produits pour le compte d'amis à l'importation et à l'exportation, tels que : vins céréales, légumes secs, primeurs, pommes de terre, conserves et produits alimentaires, crin végétal, alfa, peaux, laines, huiles, minerais, phosphates, matériaux de construction, machines agricoles, tonnellerie, etc., etc.

LA COLONISATION
POUR LES FRANÇAIS & PAR L'ÉPARGNE DES TRAVAILLEURS

COMPAGNIE COLONIALE AGRICOLE & INDUSTRIELLE
(ASSOCIATION COOPÉRATIVE DU CAPITAL ET DU TRAVAIL)

SOCIÉTÉ ANONYME EN FORMATION
Siège social provisoire : 123, rue de Constantine, à Alger

La Compagnie a pour but : 1° de créer, mettre en valeur, développer par tous les moyens possibles toutes entreprises coloniales agricoles et industrielles ; de s'y intéresser sous n'importe quelles formes et notamment de transformer ces entreprises en Sociétés coopératives.

2° De provoquer et de faciliter l'immigration de capitaux et Colons français en Algérie, en Tunisie et dans toutes autres Colonies françaises, d'aider et d'appuyer ceux qui s'y trouvent déjà.

3° D'assurer à chacun des sociétaires l'assistance par le travail ainsi que le bénéfice d'une caisse de capitalisation, de retraites et d'assurances.

Le Comité d'Etudes et d'initiative est composé de

MM. Barthère, Blasselle (O ✳), Couput Gustave (✳), de Galland (I ✳), Gauthronet Emile (✳✳), Guy (✳), Jourdan (✳), Lebourgeois Stanislas (✳), Lecq (✳), Leroux (✳), Morel, Nibelle, Philibert, Pourcher, Rivière (✳), Rigollet, Rouane, Rozey (✳).

Alger et une partie des quais

Alger : Vieux port, amirauté et phare

9 782013 435291